高次元の扉を開く 7つのステップ

心と身体に響く水琴CDブック

音・環境プロデューサー
大橋 智夫

ビジネス社

高次元の扉を開く7つのステップ　心と身体に響く水琴CDブック　目次

Introduction
…音がすべての答え
高周波が脳をよろこばせる／5　シャーマンが必要とした高周波／10
低周波は便利と不安を連れてくる／14　陰陽の世界／18
判断が二元論の始まり／20　高周波へ進む逆転の時代／28

1st Door
内と外の関係に気付く＝40

2nd Door
内が外の原因であることを知る＝49
幸運の共振／56　水琴とともにイタリアの世界音楽祭へ／57
世界的ピアニストと水琴の共演／59

3rd Door 反応するのをやめる 62
水琴空間コンサート／68

4th Door 自分の中の根源神を知る 75

5th Door 根源神の意志にゆだねる 82
奇跡の旅の始まり／87
世界平和の音をアッシジに届けたい／89
聖フランチェスコとの会話／93

6th Door 絶対安心の自己を知る 98
聖地に鳴り響く水琴の音／102

7th Door 深遠なる高次元への旅 108
大聖堂の水琴／112

音には、あなたの人生をガラッと変えてしまう力があります。音はエネルギーそのものであり、創造主であり、あなたを導くガイドでもあるのです。

水琴の音に導かれながら、第1の扉から第7の扉を順番に開いていくことで、あなたは次のステージへと次元昇華することができるのです。

Introduction

音がすべての答え

高周波が脳をよろこばせる

ご利益があると絶大な人気を集めてきた観音様は「音を観る」と書きます。それは、「音がすべて」であるからです。もちろん、「音」を「楽しむ」と書いて音楽です。五線譜を見ながらピアノを弾いたり、歌を歌ったりするのも音楽のひとつですが、音はもっと深遠にして真理に迫るべきものです。

楽譜の世界は、音の配列をきちんと整理整頓して完成したものです。しかし世界中にある民族音楽は、音の配列（ドレミ）でできあがっているものばかりではありません。音は響きであり、リズムであり、音の進行そのものです。テンポは早くても、遅くても、その両方でも前に進んでいるのには違いありません。それが止まることのない時間の概念を思い出させ、音が鳴り響く立体的な「場」をつくる。まさに三次元を表す「時間」と「空間」そのものであるもの、それが音なのです。

音にすべての答えがあります。今、あなたの周囲にちらばっている音の中に。そして、その音の奥、三次元の世界を超えたところに、あなたの真実も存在するのです。

私たちの暮らしている世界には、実にさまざまな音があります。その音の中には高周波といわれる音が含まれています。高い周波数の音。周波数が高くなれば高くなるほど、耳には聴こえない超音波（超高周波）と呼ばれる世界へ入っていきます。

6000ヘルツ以上を高周波と呼び、20000ヘルツ以上を超音波と呼びます。最近の研究で、高周波は自然界にたくさんあることがわかってきました。

そして、その高周波には「倍音《ばいおん》」が含まれることが身体にいい音の前提となります。

なぜ倍音を含む高周波が身体にいいのか、説明しておく必要がありますね。自然のある場所に出かけると、不思議にリラックスして、癒され、頭がすっきりすると思います。これは、木の葉のざわめき、川のせせらぎ、鳥の声や虫の音といった高周波の音が満ちているからです。耳で聴き取れない超音波は身体で感じ、脳にいい影響を与えるといいます。

人類誕生の場所とされる熱帯雨林は、それこそ渦を巻くように高周波が聴こえていたことでしょう。人間が高周波の欠如した都市環境で生活を始めたのは、人類の歴史を考えればつい最近のこと。私たちの脳の活動は、今でも高周波が豊富な自然環境に適応しやすく、そのような音環境に身を置くことで本来性を取り戻し、幸せを感じることができるのです。言ってみれば、高周波は脳にとって必要な「栄養素」のようなものです。

その高周波音には「倍音」といって、きれいな響きを生むための音成分が含まれています。水の音、動物の鳴き声、虫の音……、すべて倍音をともなう複雑な音でできています。周波数が高くなればなるほど倍音も積み重なり、自然にドミソの和音もたくさん含まれるのです。ひとつの高周波音の中にも和音が存在するのです。湿潤地帯に響き渡る高周波音は、どれほど深みのある美しい音だったでしょうか。

倍音はちょっとしたときにも発生します。たとえば口笛を吹いてみてください。あなたの演奏は、もしかしたら家族には評判がよくないかもしれません。でも、そんなときはお風呂で吹いてみましょう。すると評価は2から3くらいには上がるはずです。

なぜなら、お風呂は固い材質で囲まれた小さな室内のため、とてもよく響くからです。響くことで、音は倍音を発生させます。倍音が発生することで単音が複雑な音になり、それも倍音がうまく発生すると音階を含み、まるでハーモニーのような音色となります。

この原理が、あなたの脳が渇望している「高周波《こうしゅうは》」を発生させる秘密なのです。音は、「響かせる」という単純なことでエネルギーを増大させるのです。

小さい頃、ビールビンをボーッと鳴らしたことがあるでしょう。ある角度のときだけ音が大きくなったはずです。そこが倍音を発生させる角度であり、息の当て方によって音を響かせ、エネルギーを増大させることができるのです。

倍音は、探そうと思えばどこにでも存在しています。

残念ながら人間がつくったもののほとんどは低周波を発生させますが、唯一倍音を発生させるものが楽器です。そしてもうひとつ。それが本書で紹介する「水琴《みずごと》」なのです。

シャーマンが必要とした高周波

楽器は倍音を発生させることが使命と言えます。たとえば、民族楽器と呼ばれる古代から存在するような太鼓、笛などは、倍音の追求でできています。古

代のシャーマン（神と対話し、神託を告げる人）は、楽器を奏でることで神の世界と共鳴してきたようです。それは、音が聞こえる範囲から高周波へ、超音波へと連続して階段を上がっていく過程こそ、神への階段であったからだと考えられます。

一方、西洋では音は音楽としてまとめられていきました。ドレミの音階として画一化されていきました。楽器は、超音波への（神への）プロローグという本来の役割から、計算できる大衆の音楽へと周波数を下げていったのです。

オクターブの間隔は、弦を半分に押さえることでできます。その間隔を8度とすると、7度の音へとずらし、5度、3度へと下げ、最後に2度の間隔を発見したといわれています。2度の音階を確立し、4度、6度を加えてドレミファソラシドという現代の音階ができたのです。

ところが、このドレミファソラシドの世界をきれいに奏でるためには倍音は不向きでした。倍音にはさまざまな音階が含まれ、複雑な音の構成をしているので、複数の楽器で合奏すると、かえって響き合う音が別の楽器の音を邪魔する現象が起こってしまうのです。これでは、何の曲を演奏しているのか、聴衆にわかりません。

そこで、クラシック音楽で使われる楽器には、倍音を最小限に抑え、クリアな単音がよく響くという、音の構造からすればひどく矛盾した要求がなされました。

「ド」というひとつの音がはっきり聴こえ、しかも伸びがあってよく響くという2つの技術が求められた結果、ストラディバリウスを筆頭に、天才メーカーと呼ばれる人が世に現れたのです。ちなみに、クジラの声は数百キロから数千キロも離れた仲間とのコミュニケーションに使われるといいますが、音のエネルギーを失わずに遠くまで確実に意思を届けるという意味では、軽く弦を鳴らすだけでホールの端まで聴こえる「名器」と呼ばれる楽器の音の響きもそのような音の構造が必要だったのです。

しかし、人や動物は本来、複雑な倍音を求めています。のちに西洋音楽界に出てきたエレキギターが、電気的に音を増幅させて倍音をつくり出す原理を生み出したことも、脳の欲求から考えてみれば納得できる話です。「キーン！」「ギュイーン！」と鳴り響く倍音のかたまりは、音としてはノイズに近いものですが、その音色そのものにはむしろ快感を覚える人も多いのではないでしょうか。

倍音は渦を巻くように立ち上がり、あなたを天へと引っぱり上げてくれます。それは古代のシャーマンが必要としたエネルギーそのものです。

海を神と崇め、潮の音を全身に浴び、感謝の祝詞をあげたり、滝壷に身を投じてお経を唱えたりする行為は、倍音の中に身を置き、天とつながろうとする原始宗教の基本的なパターンです。この感覚こそが高周波、超高周波なのです。

低周波は便利と不安を連れてくる

今、私たちが暮らす都市環境には、倍音を伴う高周波はほとんど存在しません。

音は波ですから、弱いものが強いものに飲み込まれる性質があります。そのため、街の大きな低周波が自然界の小さな高周波を飲み込んでしまい、街には高周波が存在できないのです。

では、低周波の存在って何でしょう。

「このままでは日本は大変なことになります」「今、こうしなければあなたはまずい」……近頃、否定的な言葉であなたを追い詰め、不安をあおる低周波な情報が街にあふれていますが、本当にあなたを追いつめているのは、低周波音です。人間がつくった最大の技術＝モーターが世界中のあちこちで素晴らしい仕事をする一方、同じぐらいの低周波音を出し続けています。あなたがこうして本書を読んでいるこの瞬間も、あなたのまわりには無数の低周波音が存在しています。

世の中はどんどん便利になり、住みやすくなってきましたが、人の欲望に比例して低周波も大きくなってきたのです。車、冷蔵庫、空調、電車……、人がつくるものはほとんど低周波音を発生します。それらを生産するための工場、解体するための機械といったものまで含めれば、低周波音の発生源は数え切れません。

物質に執着する精神は、低周波な精神とも言えます。ひょっとすると、そういう心が増えるにしたがって低周波が街にあふれていったのかもしれません。

街の繁華街へ行くと、頭がくらくらしたり、ボーっとしたり、気分が悪くなったりすることはありませんか？ それは、繊細なあなたの感覚が、街の低周波をキャッチしているからです。

窓を開けられるのであれば開けてみましょう。あらためて音に意識を向けてみると、そこには得体のしれない環境が広がっているはずです。

「ゴーッ」という地鳴りのようにも聞こえる車、電車、飛行機、エアコンの室外機の音、音、音……。それは、私たち人間がつくってきた低周波の塊です。その中にあなたは長い間暮らしてきたのです。低周波に囲まれ、低い周波数に共振しながら生きている健気な存在、それがあなたなのです。

いつもイライラして、ちょっとしたことで怒ってしまう。不安でたまらない。いいことがあったとしても長続きするとは思えない。笑顔でいると足をすくわれそうで、とても心配になる。

「それらの本当の原因は、低周波なのです」と言えば、あなたは驚くかもしれません。でも、それもうなずける話ではありませんか？　ほんの少し前まで豊かな高周波に囲まれた自然の中に暮らしていたのに、便利さと引き換えにほとんどの高周波を失ってしまったのですから。「貧しいけれど幸せ」というブータンのような国を見ると、そのことがよくわかるかもしれません。

人間のつくり出した低周波が、やがて人間を縛る縄になり、あなたを捉えて離そうとしません。そして、低周波な環境に飲み込まれてしまうと、あなた自身が低周波とリンクし、低周波な存在となって、どんどん低周波な現実が雪だるま式に増えていってしまいます。

今のあなたは、低周波な現実に振り回されて、疲れているのではないですか？　思うようにやりたいことができないジレンマ、小さなことに一喜一憂し、苦しみ、悲しみ、誰かを恨み、妬み……それは、あなたの内にある負の感情が、あなた自身を乗っ取ろうとしているからかもしれません。

「感情の世界」で、あなたはいつももがいてきたのです。

陰陽の世界

テレビをつけると暗いニュースばかりが飛び込んできます。それを見るたびに、あなたは心を痛め、重く苦しい気持ちになっていることでしょう。「なんと痛ましい事故だろう」「この事件がもし自分の身に起こったら」「家族が同じ目に遭ったら」……誰だってそうです。

しかし、ニュースに限らず、あなたは周囲の情報から暗い出来事ばかりを取り寄せる習慣がついているのかもしれません。自分に恐怖を植え付け、あなた自身を判断し、仮想の「暗い現実」をつくり上げてしまっているのです。

子どもの頃はあんなに天真爛漫で、光そのものだったあなたが……不思議ですよね。

では、あなたの心に潜む影はいつから始まったのでしょうか？

比較することのない絶対的な存在とは、太陽そのものであったら、光そのもののことです。絶対的な価値観の中には、いいも悪いもありません。

遠い、遠い、昔のことです。宇宙の創造が、周波数を下げることでガスからマグマができ、マグマが固まって星ができたように、流動的なものから固定的なものへと変化していきました。その過程で、絶対的な価値観ではなく、相対的な価値観が生まれたのです。

そうして光に対して影、天に対して地、生と死、男と女といった相反するものが、この三次元の世界をつくり上げたのです。

それが「陰陽」と呼ばれる世界観です。

私達は、答えの出ないものを比較するクセがついています。あの子よりうちの子。今日より明日。北より南。どうしてもとなりの芝生が気になって仕方がありません。

善悪で考えることもあります。天使と悪魔と捉えることもあります。天国か地獄か、右か左か、そんな二元論で考える思考は、あなたがこの三次元の世界を楽しむためにやってきた遠い過去にできた価値観なのです。

学校の先生からいい成績を取るように言われた。斉藤君みたいにきちんとしなさい。さっちゃんみたいに宿題を忘れずに。お父さんみたいな立派な人になりなさい……。

そんな言葉が毎日聞こえてきたはずです。受験社会、資本主義経済では、競争というものを美化して教えられてきましたが、「勝ち」「負け」もまた、陰陽の世界観なのです。

判断が二元論の始まり

あなたがこれまでの人生で、もし誰かを恨んでいるとしたら、何かを後悔しているとしたら、あなたの判断がそうさせているといえます。判断するとは、二元論の始まりです。判断を下すことで、あなたは「裏か表か」の陰陽の世界から抜けられなくなっているのです。

でも、それも「悪いこと」ではありません。「悪いこと」でも「よいこと」でもないのです。すべてはあなたがつくり出しているのです。

遠い昔の約束は、この二元論的世界をつくり出し、その世界を自由気ままに楽しむことでした。あなたの魂は、想念は、広い宇宙の中で、地球という周波数の低い世界を楽しむことを決定したのです。そう、まるで子どもが双六《スゴロク》を楽しもうとするかのように。

自分より低い次元の出来事は、双六盤を上から俯瞰しているのと同じで、相手の動きが手に取るように見えるばかりか、抜きつ、抜かれつ、どんでん返しの連続は想像をはるかに超えて面白いものでした。そして、双六ゲームに夢中になればなるほど、「今度こそあいつより先に上がってやるぞ」「今度は1回休みなんかにはまってたまるか」「今度はあの花束をゲットしてやるぞ」と、どんどんその世界の中へ没入していったのです。

ところが、双六ゲームに夢中になりすぎたあなたは、やがて「自分が遊んでいる」ことすらわからなくなっていきました。

コンピュータゲームの世界は、まさしくそのことを教えてくれているのではないでしょうか。コンピュータゲームにハマっている人は、「ゲームなんてくだらない」と、コンピュータゲームに見向きもしない人に対してこう言います。「君は古いね」「なんでこの面白さがわからないんだ」「こんな素晴らしい世界があるのにもったいないよ」……。

コンピュータやゲームをまったくさわらない人から見れば、ジョークそのものなのです。しかし、その世界に没頭していると、いつの間にかリアルとバーチャルの境界線が、どんどんぼやけてくるのです。夢から覚めても、まだ夢を見ているようなあの感覚です。

現実とあなたが思っている世界も、実は双六ゲームの中の世界で、誰かがバカにしているコンピュータゲームの世界と同じなのかもしれません。

あなたは、すっかりその気になっているのです。そして、「リアルな世界」＝「三次元の世界」で、「判断」という二元論のサイコロを使って時間を進めているのです。

双六ゲームでサイコロを振るのと同じように、現実の世界で「判断する」というのは、絶対的なルールです。「イエスですか？」「ノーですか？」と問いかける人の頭の中は、判断の力を絶対視していることがわかります。つまり、どっぷりこの現実世界のルールにハマっているのです。

私たちが暮らしている毎日も、双六ゲームと同じ。「サイコロ」の代わりに「判断」によって駒を進めているのです。

では、そのゲームを通して遊んでいるあなたは、本当はどこにいるのでしょうか？

あなたが遊んでいる双六ゲームの世界は、現実と呼ばれる世界です。現実とは、2つとして同じ空がないように、無限に変化し続ける一期一会の世界。つまり無常の世界のこと。「無常の世界」は、あなたの心の中の「感情の世界」に対応しています。

同じことは2度と起こりません。いつもコロコロと変化しています。現実の世界は、風が吹けばすべてがガラッと変わってしまう世界なのです。それは心も同じこと。心はコロコロ変わるから心というのです。それが当たり前なのです。

美味しいものをいただいてとても気分がよくなっているときに、お店を出て何かにつまずいて、溝にでもはまったら、さっきまでの気分は一瞬にして変わります。

天国から地獄へ、逆に地獄から天国へなんていうこともしょっちゅう起こります。

感情の世界は、まさに双六ゲームの世界です。本物のゲームなら楽しくて仕方ありません。「1回休み」でもへっちゃらです。「スタートに戻れ」でも別にゲームですからね。「え、まさか!?」「そうきたの？」「ウソでしょ？」の連発です。

いいことも、悪いこともどんどん起こってきます。楽しいですね。そして、楽しくて、楽しくて、ハマっていけばいくほど、双六ゲームの物語に力を与えることになるのです。

双六ゲームがうまくできすぎていて、その出来事に一喜一憂するあまり、どうしてこうなってしまったのだろうと悩んだり、ああしておけばよかったと後悔したり、本気でよろこんだり、悲しくて涙を流したりするようになってしまったのです。

本物のゲームなら、1回休みに入ってしまったからと言って、「サイコロをもう少し強く振ればよかった」「クソッ、なんてことをしてしまったんだ」「俺ってバカだなぁ。もう死んでしまいたい」なんて考えないですよね？

でも、この現実の世界では、ほとんどの人がそういう深刻な対応をしています。出来事があるとそれに反応して対応を考え、判断を下します。すると、また次の出来事がやってくる。この繰り返しの中で暮らしているのです。

そして、そのたびに感情がひっくり返され、どんどん出来事に力を与えているのです。


この双六ゲームは、とてもよくできています。あまりによくできているので、それが真実だと思ってしまいます。あなたの悩みは、すべてその双六ゲームの中での出来事です。最近、ちょっとしたことでイライラしたり、すぐに怒ったりしているのも、双六ゲームの中の世界なのです。

でも、こんなことを言うとお叱りを受けそうですね。

なぜなら、その問題は言葉で簡単に片付けられるほど軽くはないからです。あなたにとっては大変深刻で、悩ましい出来事なのです。

だから、そーっとしておきますね。だって双六ゲームに熱中しているあなたの楽しいひとときを妨害したくはありませんから。

しかし、あなたにはどれほど大変なことであっても、それは、あなたの本心が望んでいる出来事なのです。

たとえて言えば、ホラー映画好きな人のようなものです。ホラー映画を観るのが好きな人はたくさんいます。ホラー映画が嫌いな人からすれば、「なんでそんな怖いものをわざわざお金を出して観るの？」ということでしょう。でも、理屈抜きで好きなものは好きなのです。本心が望んでいるのだから、仕方ありません。言い方を換えれば、人生の楽しみ方は人の数だけあるということです。

それでもつらいことがあると、とても深刻になりますね。まさかあなたにそんなに集中力があったとは思えないくらいに。

集中して、一生懸命考え、あの手この手で努力してその現実に立ち向かい、対応してきたはずです。しかし、深刻に対応すればするほど、周波数はどんどん下がっていき、アリ地獄ができるどころか、ブラックホールのようになっていきます。

あなたは不幸のブラックホールをつくり出し、その中へとハマろうとしているのです。さらに、あなたにとって「悪いこと」＝「周波数の低い出来事」をどんどん引き寄せていきます。ホラー映画級の出来事が、次から次へと現実世界で起こってしまうかもしれません。

そうなったら楽しいですか？　たまらないですか？　もっと体験したいですか？

あなたの答えがもし「イエス」であるなら、どうぞ思う存分、これからもホラー映画を楽しんでください。「まさか、そうきたの⁉」「ウソでしょ？」「キャー、怖い！」わくわく、ドキドキ、やめられませんよね。

でも、もしあなたがもうそんな現実はこりごりだ、疲れた、「ノー」というのであれば、不幸の双六ゲームからするりと抜け出しましょう。

不幸の双六ゲームを終わらせる方法を、これからご紹介します。

高周波へ進む逆転の時代

今、時代が音を立てて変わっています。

日本は大きな国難を経験しましたが、一瞬ですべてをなくしてしまったにもかかわらず、冷静さと秩序を失わなかった大勢の人たちの姿が、反対に全世界を勇気づけ、感動を与えてくれました。

一番泣きたい人が泣かなかった日本。不安と失望感に怯える心と前向きにまっすぐ生きようとする心は同じひとつの心であり、人が人のために無心で助け合うこと、古来、日本人が美徳としてきた「善と愛の心」を思い出すことができたとき、低周波から高周波へと、時代の流れが逆転したのです。

低周波な方向へ進むことで物質化して、判断というサイコロを使って、三次元の現実世界で遊んできたあなたは、今度は逆に高周波な世界へと帰っていく時期に入ったのです。

「陰極まれば陽になる」と言いますが、陰陽どちらがいいか、悪いかではなく、冬が終われば必ず暖かい春がやってくるように、夜が更ければおのずと朝が訪れるように、あなたの中でも、判断から和合へと変化が起こっているはずです。

判断すること、競争すること、勝つか負けるか、支配するか支配されるか、そういった二元論的な価値観は、旧時代のものとなるでしょう。

争わないこと、和すること、自然な流れにゆだねること、地球とともに生きること、そういう時代がやってきたのです。


このCDブックに付いている水琴の音には、低周波から高周波へベクトルが逆転する時代に大切な役割があるといえます。なぜなら、陰陽2つの力が水琴の中に同時に備わっているからです。

その前に、まず前提として、水琴が倍音を含む高周波を発生する装置であることは先ほども述べた通りです。水琴窟とスピーカーの原理を応用した水琴は、陶器が水滴の音を響かせ、さらに、その陶器を収めた金属製の容器が位相を利用して響くように設計してあります。そうすることで、二重に共鳴が得られ、驚くほどの高周波が発生するのです。

湿度100%の空間で生まれ、豊かに響く高周波音。そのひとつひとつの音に含まれる倍音が倍音を生み出す音階のない楽器。それが水琴です。そして、響き合う高周波音が空間を満たし、そこにいるあなたをも高周波化してくれるのです。

この逆転の時代に水琴に注目する点は、水琴が現実の三次元世界に適合する2つの力を内在しているということです。

それが陰と陽の力。

陽の力とは、天から地へのエネルギーの流れを起こす力のことです。水琴の流れる水の速度を上げ、水が水を引き連れてくるような流れをつくって、連続的な流水音を発生させるとき、水琴は「太陽のリズム」で陽の力を生じさせます。

陰の力とは、陽の力と逆で、地から天へのエネルギーの流れを起こす力のことです。ゆっくりと水を流すことで、水琴は、お風呂の天井から滴り落ちるように、一滴、一滴、重力のリズムで水の粒が落下します。そのように、単発的な清水音を発生させるとき、水琴は「月のリズム」で陰の力を生じさせます。

天から地へのエネルギーの流れが、あなたが帰宅したときに、1日の間に浴びてきた低周波を洗い流し、浄化してくれます。神社で行うお祓いと同じ要領です。

そして、地から天へのエネルギーの流れがあなたのいる空間とあなたを高周波のエネルギーで満たし、安定した気持ちをつくり出し、あなたが本来持っている創造性を天へと広げます。

つまり、陽の力でお祓いして清め、陰の力で安心して創造性を発揮できるようにするのです。水琴は、この2つの力を内在させることで二元論的世界を統合する働きがあるのです。

付属のCDでは、水琴で太陽のリズムと月のリズムを表現し、7つのステップであなたのエネルギーの流れを低周波から高周波へと高めていきます。

水琴の音を1日のわずかな時間でも耳にすることで、現実の世界での陰陽のエネルギーの流れを起こすと同時に、深遠なる心の世界に影響を与えます。

家にいるときは、ぜひ流しっぱなしにしてください。音を携帯して通勤途中に聴いていただくのもいいでしょう。水琴は、つねに高周波を発生するようにつくられています。それも高周波の塊を音として空間に解き放っています。流しているだけで低周波な出来事の世界をクリアし、そこにハマってしまいそうになるあなたを、ヨイショと引き上げてくれるのです。

すでに高周波な現実の中で過ごしているあなたには、日々の低周波を祓うだけでなく、さらなる高周波を提供します。

「水琴の音と共振するうちに、いい夢を見ることが多くなった」「幸せの前兆と言われる二重の虹をよく見るようになった」「思ったらすぐ現実になるようになった」「悪いことがあってもがんばっていく勇気が出た」「いつも何かに守られているような気がする」「予期せぬ偶然（シンクロニシティ）が頻繁に起こるようになった」……さまざまな楽しい現実が報告されています。

現在、被災した岩手県の社会福祉施設で、水琴のＣＤを放送してもらっています。

「心が癒された」「ゆったりとした気持ちになった」「CDを聞いていると、マイナスの感情がなくなるような気がする。嫌なことを考えないですむ」「フラットな気持ちになれる」「寝る前に聞くと、心が落ち着きます」「病院の待合室などで流せないのは少し残念です」……CDを聞いた方たちから、このような感想をいただいています。

また、水琴には意外な側面もあります。水琴の生の水滴音は、通常、音量計で測ってみると100デシベルを超えます。京都にある東本願寺東山浄苑さんに最近設置した水琴は、110デシベルを記録しました。この数値は、今までの記録を更新しました。

デシベルとは、音の大きさを表す単位で、自動車騒音の許容限度は、法律で80デシベル程度に制限されています。走行中の騒音はそれ以下でなければなりません。100デシベルというと、高架下の電車の音や大声コンテストの優勝者のレベルです。それをも超える110デシベルをたった一滴の水滴の音が出

郵便はがき

料金受取人払郵便

5073

差出有効期間
平成26年5月
31日まで
切手はいりません

162-8790

107

東京都新宿区矢来町114番地
神楽坂高橋ビル5F

株式会社ビジネス社

愛読者係 行

ご住所 〒 TEL:　（　　）　FAX:　（　　）			
フリガナ お名前		年齢	性別 男・女
ご職業	メールアドレスまたはFAX メールまたはFAXによる新刊案内をご希望の方は、ご記入下さい。		
お買い上げ日・書店名 年　月　日	市区 町村		書店

ご購読ありがとうございました。今後の出版企画の参考に
致したいと存じますので、ぜひご意見をお聞かせください。

書籍名

お買い求めの動機
1　書店で見て　2　新聞広告（紙名　　　　　　　　　）
3　書評・新刊紹介（掲載紙名　　　　　　　　　）
4　知人・同僚のすすめ　5　上司、先生のすすめ　6　その他

本書の装幀（カバー），デザインなどに関するご感想
1　洒落ていた　2　めだっていた　3　タイトルがよい
4　まあまあ　5　よくない　6　その他(　　　　　　　　　)

本書の定価についてご意見をお聞かせください
1　高い　2　安い　3　手ごろ　4　その他(　　　　　　　　　)

本書についてご意見をお聞かせください

どんな出版をご希望ですか（著者、テーマなど）

すなんて、信じがたいことかもしれません。

この話をすると、「水琴を設置すると、近所から苦情がくるということはありませんか?」と質問を受けることがありますが、ご心配はいりません。これは、音量計が人の耳では聞き取れない高周波音まで測定してしまうからで、水琴が高周波を大量に発生させるため、さほど大きく感じないにもかかわらず、高い数値を示すのです。逆を言えば、水琴の音にはそれほど超高周波がたくさん含まれているという証でもあります。

水琴は、水滴音を共鳴させるという一点にこだわり、追求することで、このように倍音と高周波の塊を生成することができたのです。

それではいよいよ、その水琴を使って、新しい次元への旅へ出発しましょう。

付属CDの音源は7段階で構成していますが、それは低周波から高周波への光のスペクトル(虹の光の帯)が7色であるからです。すべての色が最終的に

溶け合って光に戻るように、あなた自身のペースで、ひとつひとつ虹の扉を開けていってください。

付属のCDは、7トラックで構成され、第1の扉から第7の扉に対応しています。流れる水の速度を7段階に調整することで、3分×7トラックの水琴が、らせん階段をつくるように構成されています。また、複数の水琴の音をミックスすることで倍音がぶつかり合い、高周波の塊があなたを直撃し、高次元へと誘います。CDをあなたのお気に入りの空間に響かせながら、水琴という道先案内人とともに扉を開けていきましょう。

7th
6th
5th
4th
3rd
2nd
1st
7つの扉

1st Door

内と外の関係に気付く

「元気ですか?」「ツイていますか?」

私の好きな言葉です。

「元気です」「ツイています」

こんな言葉を話すだけでも、誰かにプラスのエネルギーを与えることができます。

「元気です」

京都音風景　CDブック

京都音風景シングルCDに、本を付けました。本には水琴窟の解説、イメージ写真、宮本亜門さんのエッセイを掲載。

アクアシンフォニー CD2枚組

水琴と中国民族楽器「楊琴」、アフリカ民族楽器「カリンバ」とのコラボレーション。水琴の音を音楽としてさまざまな感覚と風景をお届けします。
DISC①　約22分　DISC②　約22分

水琴音風水　最強の家　CD54分×6枚組

6種類の水琴は、「火水（かみ）」の形状＝六芒星を形成し、最強の家相を導きます。京都四神相応の霊泉を水琴で音に変換し、最強風水をあなたの家相に転写します。

※筧はついていません。

ブラック

焼杉

オレンジ

ピソリーノ

バケツ一杯の水と電源があればどこでも楽しめる世界最小水琴。高周波を暮らしに取り込むインテリアです。水滴音が内蔵された陶器製の壺に響いて楽しい音と高周波を発生させます。循環ポンプの水量を調節してお好みの音色でお楽しみください。ブラック・オレンジ・焼杉の3タイプ

お申し込みの流れ

ハガキ・FAX・でのお申し込み ⬇ ビジネス社で受付　1	振込用紙をお送りします　2	ご入金確認後、ティーズ・コーポレーションから商品をお送りします。　3

通常2週間ほどでお届けします。ただし、在庫状況により少々お待ちいただく場合がございます。

●ご希望の商品に個数をお書き入れください。（すべて税込・送料別途）

商品名	仕様・サイズ	送料	価格（消費税込）	ご注文数
京都音風景	CDシングル 春・夏・秋・冬　計約19分	340円	1,000円	
京都音風景	CDブック　上記CD＋ブック	340円	2,000円	
アクアシンフォニー	CD2枚組　DISC①約22分 DISC②約22分	340円	2,300円	
水琴音風水最強の家	CD54分×6枚組	無料	12,000円	
蓬壺　Ver.4.0 ブラック	大きさ：約Φ160×215H（㎜） 重さ：約1.6 kg 素材：陶器（萬古焼） 仕様：セラミックスピーカー搭載、専用CD、専用アンプ付、ポータブルCDプレーヤー・収納ボックス付	630円	68,000円	
蓬壺　Ver.4.0 アイボリー	同上	630円	68,000円	
蓬壺　デラックスセット ブラック	上記蓬壺＋屏風・畳	630円	98,000円	
蓬壺　デラックスセット アイボリー	上記蓬壺＋屏風・畳	630円	98,000円	
ピソリーノ　ブラック	大きさ：約300×300×400 h（㎜） 重さ：11 kg 素材：アクリル（ボックス部）、陶器（共鳴部） 仕様：循環モーター内蔵、玉石・水晶付	2,100円	128,000円	
ピソリーノ　オレンジ	同上	2,100円	128,000円	
ピソリーノ　焼杉	同上	2,100円	128,000円	

振替用紙をお送りします。ご入金後ティーズ・コーポレーションからの発送となります。

郵便はがき

料金受取人払郵便

牛込支店承認

5073

差出有効期間
平成26年5月
31日まで
切手はいりません

162-8790

東京都新宿区矢来町114番地
神楽坂高橋ビル5F

株式会社ビジネス社

水琴係 行

ご住所	〒□□□-□□□□ MAIL： TEL：　　（　　　）
フリガナ	
お名前	

これは、あなたの内面にある躍動感やエネルギーがたくさん充実していて、外に向かって発信されているような状態です。

「ツイています」

これは、外にある出来事があなたにとって都合がいい状態で、あなたの内なる心が満たされている状態です。

「元気でツイている状態」とは、あなたが内から外へいいエネルギーを発信し、また外からいいエネルギーをもらってあなたの内が満たされるという「プラスの連鎖」が起こっている状態と言えます。

このように、内と外は影響を及ぼし合い、あなたの人生を創造してきたわけです。

それとは反対の状態を「マイナスの連鎖」と言います。

やる気がなくて、ツイていない状態です。この関係では何をやってもうまくいきません。落ち込んだり、ふさぎ込んだりしながら、暗い感情が人生を創造していくのです。

さて、あなたはどちらの連鎖を望みますか？　これはあなたの好みの問題ですが、どちらでも選択することができます。

しかし、ここまで読まれてきたあなたは、できることならプラスの連鎖の中で生活していきたいと思っているのではないでしょうか。

あなたが楽しいとき、「今日はいい日だな」「素敵な風が吹いているわ」なんて詩人になったりもします。

「このままずっとこの感情が続いて欲しい」

本気でそう思うものです。

あなたにとって、プラスの感情が流れ込んでくるのはどんなときでしょうか。

静かに自分一人の時間を過ごしているときでしょうか。美味しい料理をゆっくりいただいているときでしょうか。楽しい会話に花を咲かせているときでしょうか。それとも、映画に感動して涙を流しているときでしょうか。どれも素敵なひとときですね。でも、残念ながらそのひとときは長くは続きません。

美味しいものをいただいてレストランを出るとき、車が水をはねて大好きなスーツが台なしに。「最悪だ！」。コップを持つ手がすべってガシャン‼　ベッドから転がり落ちて「イタタタタ……」。

日常のドラマには、必ずどんでん返しの結末が待っているものです。出来事の世界って面白いほどよく変化しますね。

それでも、プラスの思いを持続しているとプラスの現実を導いてくると言われます。思いによって夢や目標達成の確率が変化するとも言われます。

あなたもいろいろ試してきたのではないでしょうか。具体的な夢を描いてマップにしたり、カードにして持ち歩いたり、壁に「必勝」という文字を書いたりして、それらを常に見ながら潜在意識にまで刷り込み、強い意志をもって夢を引き寄せる。それはそれで、とても素晴らしい経験です。

一方、別のやり方で目標を達成しようとする人もいます。たとえば、比叡山のお坊さんが生死の境を体験してまで達成しようと試みる山岳修行・千日回峰《せんにちかいほう》行《ぎょう》は有名です。人間業を超える修行が終わる頃になると、身体から死臭がしてくるといわれるほどです。肉体と精神の限界に挑戦して、自己の限界を越えるわけです。

千日回峰行を成し遂げたお坊様は、「阿闍梨《あじゃり》さん」と呼ばれ、京都では尊敬、崇拝を受けます。町に降りてくると、大勢の人が待ち受けています。そして、大歓迎をして、子どもの頭をなでてもらったり、悩みを聞いてもらったりするのです。阿闍梨さんの数は比叡山の歴代の座主（トップの地位）の人数よりも少ないといわれていて、それがどれほど厳しい修行であるかがよくわかります。

あなたがもし千日回峰行に挑戦するという強い意志をお持ちでしたら、どうぞ挑戦してみてください。きっと、あなたの常識をはるかに超えた、未知なる世界が広がるでしょう。

もちろん、修行といっても過酷なものばかりではありません。たとえば、自分に言い訳せずに日常生活を淡々と規則正しく送る。それだけでも立派な精神修行になります。一心不乱に掃除すること、正座をして瞑想すること、断食すること、滝に打たれて何か呪文を唱えること……さまざまな方法がありますね。

古代から人々は修行をしてきました。しかし、いったい何を求めてきたのでしょうか?

「元気でついている状態」を求めたのでしょうか?

神社でお守りや御札をもらったり、繰り返しお参りをしている人の大半はそういうものを求めているのかもしれません。しかし、本気で修行をしてきた人たちは、いくら振り払ってもやってくる誘惑や欲望、迷い、不安といった雑念を断ち切って、出来事の世界に感情が左右されない「より完全な自分」を見つけることが目的だったのではないでしょうか。

古くから、出来事と感情とが影響し合う関係であるということは、誰もが知っていたことなのです。

出来事によって、あなたの感情は変化します。

あなたの心はコロコロ変わるもの。そして、一期一会の日常は出来事の世界。どちらもコロコロ変化します。

いいことがあれば、あなたはうれしく、悪いことがあれば、あなたは悲しくなります。

単純なようですが、どんなプラス思考の人であっても、そうやって上がったり下がったりを繰り返す感情の波があなたの一日の大半を占めているのです。

嫌いな人がくると腹が立つ、大好きな人がくるとうれしくなる。人によって、出来事によって、あなたの心は瞬間、瞬間、変化しているのです。

外の出来事に反応（対応）する内なるあなたによって執着が生まれ、よろこびが発生します。喜怒哀楽はそうやって生まれるのです。

□　自分の感情が外の出来事に対応していることを知りましょう

2nd Door
内が外の原因であることを知る

あなたは、今まで外の出来事との対応関係の中で、理想の人生を求めてきました。

しかし、うまくいくときが続いても、しばらくすると嫌なことが起こったり、感情の中に暗い気持ちが襲ってきたりします。

感情とは、コロコロ変わるものなのです。そのコロコロ変わる心の世界を煩《ぼん》悩《のう》と呼び、仏教では煩悩を打ち破ることがひとつの修行の目的となっています。日常の出来事の世界と感情は常に対応しています。しかし、よくよく考えてみれば、出来事にいちいち反応するというのは、実に大変なことです。あなたの人生は大変ですね。大変でした。

他人をうらやましく思ってしまうほど大変でした。

「どうして私だけ？」

「どうしてこんな目に遭うの？」

思わずそう問いかけたこともあったでしょう。


「でも、それはあなたの心がそう望んでいたからですよ」と言うと、「そんなことありません」「誰がそんなことを望むものですか」と反論されるかもしれません。

では、心の中はどうでしょう。

心の中は自由自在です。好きな人とキスしたり、アイドルを抱きしめたり、友達と喧嘩したり、ときには罵《ののし》ったり……なんでもできます。コロコロ変わるし、変えられる。その心が反映している世界が、出来事の世界だとしたらどうですか？　あなたにとって耐え難い出来事が突然起こっても不思議ではありませんよね。

その出来事に全部反応していこうとすれば、自分で自分の感情をコントロールできなくなるのも当たり前です。すべてが矛盾した、一貫性のない出来事のつながりだからです。

その出来事の世界の中で、あなたにとって都合のいい事柄だけを集める方法が思考です。夢です。

ウィンドウショッピングをしながら欲しいものを買い物かごに入れるように、現実に見える出来事の中からあなたが「こうなったらいいな」と思えるものを集積し、思考によって自分の望む現実を導いてくるというのが「夢実現」でした。

思考すること、行動すること、あなたを応援してくれる誰かに出会うこと、そして感謝すること。この流れが、あなたの現実をたしかに豊かにしてきました。

しかし、本当の流れはその逆です。内なる感情が先にあってごほうびという現実をゲットする。それが現実の双六ゲームの本当の遊び方なのです。

あの人が変な顔をしたから、あなたはむかついたのではなく、あなたがむかついたから、あの人が変な顔をしたのです。感情が出来事に対応していることは間違いありませんが、出来事が原因で感情が結果なのではなく、本当は感情が原因で出来事が結果なのです。

あなたは、あなたの人生というゲームをしている勇敢なヒーローです。あなたがルールをつくり、あなたがサイコロを振り、そしてあなたが駒を進めているのです。

内と外の間には、時間差が存在しません。量子力学で証明されているように、出来事は時空を超えて起こっているのです。

あなたが感情を持った瞬間に、出来事は起こっているのです。あなたの内にある感情が発芽した瞬間に、その感情にもっともふさわしい出来事と遭遇するようにできているのです。

たとえば、あなたがいつも不満を持っているとします。するとその感情は、その周波数にぴったり釣り合う出来事と共振するので、不満の原因になる出来事（原因のように見える出来事）を連れてきます。

いつも怒ってばかりいる人を、少し距離をもって見てみると、いつもクレームや問題が絶えません。

反対に、いつも感謝している人には素敵な人が集まって、楽しい出来事が次から次へと起こっていることがわかります。

つまり、常日頃持っている感情が、あなたの周囲で起こる出来事を選択していることになるのです。感情が現実の原因だということです。

あなたが常日頃持っている感情は、言葉になります。そして、その言葉は行動をともない、出来事を動かしていくのです（詳しくは、ビジネス社刊「ギブアンドギブ」の物語をご参照ください）。

感情
⇩
思考
⇩
言葉
⇩
行動
⇩
現実

それも瞬時に変化していくのです。

あなたの周囲で起こっている現実は、すべてあなたの内なる感情が導いたものです。

もしかしたら厳しいことを言っているのかもしれませんね。

「あなたの人生の責任は、すべてあなたにある」ということですから。

でも、これだけは覚えていてください。大切なことは「あなたが今まで何を選択してきたか」ではありません。「あなたがその出来事をどう感じてきたか」なのです。その出来事を感謝で受け取る人、不平不満で受取る人、さまざまです。その感じ方で、あなたの次の現実は変わってしまうのです。

□ あなたの感情があなたの現実を連れてくる

聖フランチェスコ大聖堂の朝（写真提供　川岸聰）

思いが現実を連れてくる。そして、意味ある偶然（シンクロニシティ）を導いてくる。それは予想を超えてやってくるものです。

幸運の共振

音の専門家として「人を癒す音」を追求してきた私は、水と音の研究をきっかけに、高周波の重要性に気付きました。

そして、「水琴《みずごと》」を完成し、今、こうしてみなさんに高周波の重要な役割をお伝えしているわけですが、これまでずっと高周波の中に身を置いてきたことで、私自身もさまざまな幸運に出会うことができました。

そのことについてお話したいと思います。

世界中に水琴の高周波を響かせたい。

笑顔の象徴として、一滴の水の尊さを再認識するものとして、世界の平和のシンボルとして、水琴をローマ法王へ届けたい。

そんな大それた願いを心に持ったのは、あるイタリアの音楽祭に参加したのがきっかけでした。

水琴とともにイタリアの世界音楽祭へ

世界各国で演奏活動をされている邦楽グループの方から、「イタリアの音楽祭に参加するのですが、大橋さんも一緒にきてくれませんか?」とお誘いを受け、素直によろこんだ私は、「わかりました、行きましょう!」と、サウンドインテリアとして商品化した水琴「蓬壷《ほうこ》」を持ってイタリアまで行くことにしました。

会場に着いてびっくりしたのは、その圧倒的な広さです。

街を挙げて何日も行われる音楽祭、しかも世界中から音楽家が集まることもあってか、中には数万人規模の野外ホールもあり、大規模な敷地内に、大小さまざまな会場がいたるところに設けられていました。本番では、私もここぞとばかり和服で臨みました。

箏《こと》の演奏のあとが、尺八と水琴のコラボレーションです。演奏に先立って、私が水琴の説明をするというかたちでコンサートは構成されました。

日本語をイタリア語に通訳してくれたのは現地の日本人留学生で、私が表現する「静寂を聴く」とか「間を知る」という言葉が少々難解だったようです。

コンサートが終わると、反響がすごかった。

「この楽器はなんだ⁉」

「この楽器を発明したのはあなたか？」

「あなたは天才だ！」

現地の人たちが、彼女の訳した言葉をどう理解したのかはよく解りませんでしたが、とにかく大絶賛でした。

心に届く何かがあったのではないでしょうか。

世界的ピアニストと水琴の共演

そのとき、助っ人として大使館から声をかけられ、私たちのお世話をしてくださった日本人の沖野さんという方がいました。沖野さんは、イタリアで声楽の道に進み、当時はボイストレーナーとして活躍されていました。

ひとしきり水琴や音の話をするうちに、「それはすばらしい。ぜひ日本でコンサートをしたい」と言っていただき、「イタリア人のピアニストと水琴とのコラボレーションコンサートを開催しましょう」ということになりました。

そして、「カラムタ氏という有名なピアニストが日本でコンサートを開く予定なので、京都でも彼のコンサートをプログラムしてください」と依頼を受けたのです。

「それは面白い！」

と思いました。しかし、ただのコンサートでは面白くありません。

その頃ちょうど、私は京都・大原にある寺院のライトアップイベントをプロデュースしていましたので、願ってもないタイミングでした。本物の水琴の音と映像を京都駅近くの会場まで衛星中継で飛ばし、そこでピアニストが演奏するという構想を描きました。


コンサート当日。

ライトアップしている会場にカメラがセットされ、衛星中継もチェックされました。会場内に8箇所のスピーカーを配置し、そこから水琴の音を流すと、まるで星がちりばめられたような音風景をつくり出すことができました。

ステージ上の大スクリーンでは、紅葉している楓の葉が風に揺れ、会場のあちこちから水琴の音が聴こえてきます。

「地球から飛び出して、宇宙空間でコンサートをしているかのようでした」とのコメントもいただくほどでした。今思えばちょっとやり過ぎだったかなと思うこともありますが、この幻想的な演出に、会場に来られた皆さまは、たいへんよろこばれている様子でした。

3rd Door

反応するのをやめる

世の中にはいろいろな人がいます。

お金持ちで心も豊かな人、お金持ちで心が貧しい人、お金がなくても心が豊かな人、お金もなくて心も貧しい人。あなたはどんな人でしょうか？

もしあなたがいつも豊かな人生を過ごしたいと思うのであれば、本当のあなたと共に生きることが必要になってきます。出来事の世界に翻弄される受け身の人生ではなく、本心のあなたと共に生きる人生。出来事が人生の中心なのではなく、あなたが人生の中心にいて、自分の意思で舵取りをしていく生き方。それが本当に豊かな人生を生きる大切なポイントです。

ところが、本来はあなたが原因であるその出来事に、あなたは翻弄されてきました。

なぜなら、出来事が原因であなたの感情が結果だと信じてきたからです。「あの人にこんなひどいことを言われた」「あいつが憎い」「私は傷ついた」と思ってきたのです。

本当は反対です。あなたの傷ついた気持ちと憎いという感情が、「あの人にひどいことを言わせた」。または、「あの人の言葉をひどいことのように思わせた」のです。

あなたにとってイライラする人がいたとします。いつも見るだけでイライラしてきます。でもその人にとって、あなたはどうでもいい人なのかもしれません。あなたは、過去にイライラさせられた経験を後生大事に覚えていて、「いちいちちょっかいをかけてくるな」と勝手に癇《かん》に障っているだけで、その人にとってはちょっとしたサービスのつもりかもしれません。

あなたが判断して、そうだと思うことが現実なのです。


あなたは双六ゲームをしているのです。真剣に、それも大真面目に。

そう言われてみると、少し大人げないような気がしてきませんか？

あなたがつくったゲームに一喜一憂するのも楽しいことです。そのゲームがうまく出来すぎているがゆえに、あなたはその中に感情ごとどっぷり浸かっているのです。

でも、ゲームなんですから、笑顔で、心から楽しむことだけを考えましょう。

そのゲームで人を恨んだり、妬んだり、人生をあきらめて死んでしまおうと考えたりするのはやめましょう。


外の出来事に対応して、反応して、堂々巡りの答えを出すのはもうやめましょう。

今すぐに。

あなたを苦しめている出来事はゲームなのです。あなたの感情がつくった出来事なのです。

「うまくできているな」「なかなかのものだ」「結構ビビるよ」なんてつぶやいて、「ためになるものを見せてくれてありがとう」で終わらせてしまいましょう。

出来事に対応すると、ややこしくなります。マイナスな感情がつくり上げた出来事の場合は特にそうです。暗い感情がつくった出来事は深刻です。あなたがその出来事に力を与え、あなた自身が結果にまわってしまうと、出来事はどんどん力を増大させていきます。

「どうして私だけ？」

「私が何か悪いことをしたの？」

いつもそんなことを言っているとしたら要注意です。あなたは、「負の感情がつくり出す出来事に反応する」クセがついているのです。今起こっている出来事は、すべてゲームです。楽しみましょう。いちいち反応しなくてもいいのです。「そんなこと言ったって、あの人を無視したら怒られてしまいます」というあなたに、ひとつコツを教えましょう。

感情の中でもっとも高周波なもの、それは「感謝」です。「ありがとうございます」

それが負の出来事への「サヨナラの言葉」なのです。

笑顔で「ありがとうございます」と言えたなら、清めの意味で塩を置いたり、塩をまいたりするのと同じ効果があるでしょう。しつこい低周波の感情は、あなたに近寄れなくなります。

感情の世界で、答えが見つからずに堂々巡りしたり、いちいち反応しそうになったりしたときは、まず「ありがとうございます」と心で言ってみてください。できることなら声に出して、さらにできるなら、その対象の物や人などに聞こえるように言ってください。

そうすることで、あなたの現実は少し周波数を上げることができるのです。

水琴は、あなたの周囲に高周波を充満させます。高周波な空間は、あなたの体の約7割を占める水分の周波数を上げ、あなた自身を高周波化します。そして、出来事によって被害者にも加害者にもならない「高周波な自己」を目覚めさせてくれるのです。

「高周波な自己」とは、あなたの本心により近いあなた自身のことです。高周波に上限はありません。より高周波であるということは、本心により近いということです。

水琴の高周波も同じく無限に発散します。その高周波に含まれる倍音の無限連鎖の階段が、あなたの本心への階段をつくってくれるというわけです。双六の世界のごほうびをもらって満足したら、次は本当のあなた、何ものにも揺るがない最強の自分自身に出会うための階段を登っていきましょう。

□ 低周波な出来事が起こったら、「ありがとう」と言ってサヨナラしましょう

低周波な出来事に反応し、対応することはやめましょう。対応するのではなく、自分の意志をまっすぐ伝えるのです。それで結果はまったく異なってくるのです。

水琴空間コンサート

場所は京都。幻想的な空間が完成した会場に、イタリアからカラムタ氏が到

着しました。

　カラムタ氏は、アメリカの有名なカーネギーホールで演奏したり、国賓として呼ばれたりするほどの世界的なピアニストで、音楽大学で教える教授でもありました。

「よろしくお願いします」と挨拶すると、「イチ、ニ、サン、シ、ゴ」と返ってきました。

　もちろんカラムタ氏一流のジョークです。音楽教授らしく、早速耳で日本語を覚えたのでしょう。

　通訳は、このコンサートの依頼者である沖野さんです。水琴のことはもちろん、今回のコンセプトも理解していただいているので、こちらも心強い思いでした。何しろ、日本人なので話が早い（笑）。

「リハーサルをお願いします」

「わかりました。どんな風に弾こうか？」

「水琴の音と会話するようにお願いします」

「こんな感じ？」

そう言って、カラムタはショパンなどの曲をたやすく弾いてみせてくれました。その音だけでも胸が躍るようです。しかし、私が求めたものとは違っていました。


「ノー」


水琴の音とコラボしてもらわなくては、このコンサートの意味がありません。水琴の音は自然のリズムでやってきます。その音を無視して勝手に曲を弾くのでは、弾き手がどれほどすばらしくてもコラボレーションコンサートにはなりません。

こういったやりとりは、それまでいく度も経験してきました。水琴の音のランダム性、ゆらぎは自然のつくり出すもので、鳥が庭で鳴いているとき、その鳴き声にピアノを合わせてくださいい、と言っているのと同じことになります。

たとえば、演奏家の卵はバラバラに弾きます。水琴の音は雑音になり、静寂を邪魔するものとなります。また、ある程度の力量のある方は、その音に合わせようとします。

実は、カラムタ氏もリハーサル開始後、3度目の私の「ノー」を聞いて、水琴の音階を取り出しました。「ド」「ラ」と、その音をピアノで弾いてみる。かなり正確にコピーしていました。

実際に、そこまでやって演奏を中止する人、初めから「私には無理です」と言って断る人もたくさんいました。

なぜなら、水琴は無限に音階があり、リズムが常に異なるからです。楽譜では表現できないのです。

私の5度目の「ノー」を聞いたとき、カラムタ氏のまなざしは本気になりました。真剣勝負はここからです。私も、自分が納得できないものを世に出すわけにはいきません。

「少し時間をください」

カラムタ氏はステージで悩んでいるようでした。

そして、30分ほどして「オオハシサン」と私を呼び、これでどうだといわんばかりに演奏を始めました。

その演奏方法とは、クラシックの曲の間に即興でメロディーを入れるというものでした。ときには淡々と、ときには水琴とシンクロして、ときには水琴にゆずってという演奏をしてみせたのでした。

「オッケー！」

そう、こういった演奏を求めていたのです。

さすがに一流の人は違います。水琴の本質は大自然の感情のうねりであり、連続する時の流れです。

コンサートは2回開催され、大絶賛であったことは言うまでもありません。京都・大原の風景が大スクリーンで映し出され、8つのスピーカーからあふれ出す水琴の高周波が壁にぶつかり、天井にぶつかり、床にぶつかり、幾重にも反射しながら空間をランダムに満たしています。

「まるで宇宙空間にある星のように音がきらめいて、独特の雰囲気をつくっているようだ」という感想もいただきました。

その異空間を想像してみてください。その中で、風が歌うようにピアノの調べが聞こえてくる。そう、心象風景そのものが現実空間にできたのです。

「もっと聴いていたい」

アンケートで一番多かった回答でした。

「ブラボー！」「グラッツェ！」

私のできるイタリア語は今でもこの程度ですが、カラムタ氏と固い握手を交わしてコンサートは終了しました。

外の出来事に反応するのをやめると、あなたは、あなた自身の心を意識するようになります。

なぜなら、あなたが力を与えてきた現実世界は、実はあなたがつくり出してきたもので、あなたの思い通りになるということが理解できるからです。

「あなたは何を望んでいるのですか？」

「どうしたいのですか？」

「何が欲しいのですか？」

そんな問いかけが聞こえてくるようになります。

「あなたが描いていた夢は、本当にあなたのものなのですか？」

これらの問いは、外から聞こえてくるものではありません。あなたの内から聞こえてくるものです。その声の主は、今までずっとあなたをサポートして導いてくれた「ガイド」です。

ガイドと言っても、観光地を案内してくれるわけではありません。あなたが「○○家の霊位」と書かれた短冊、あるいは位牌に手を合わせて感謝をしてきたのであれば、その対象です。「そんなこととしてこなかった」というあなたは、今日からでもぜひ始めてくださいね。その対象は、ご先祖様、守護霊とも呼ばれます。あなたをずっと守ってきてくれたありがたい存在です。

そのガイドは、あなたに早く気が付いて欲しくてしかたがありませんでした。文明化、機械化、効率化が進む前、ガイドとの対話は大切にされていました。日本では、神社や寺院がその対話をする場所でした。茶道や華道、あるいは武道と呼ばれる「道」の世界もその機会を与えるものでした。

先ほども述べましたが、「文明化」は、言葉を換えると「低周波化」でもあります。あなたの周囲に村ができた頃から少しずつ増えてきた低周波が、一気に爆発的に多くなったのが産業革命以降の時代です。

低周波な環境では、あなたの意識は「感情の世界」＝「出来事の世界」に向きがちでした。あなたは負の感情の世界にどっぷりとつかってしまい、高周波な方向を忘れて回路が切れていたのです。

高周波な方向へ意識を向ければ、またガイドとの会話が可能になります。常に水琴で高周波な環境をつくっていれば大丈夫。神社の杜の中にあなたが静かに座っているのと同じ事になるからです。

さあ、あらためてガイドの問いに答えてください。

「あなたは、本当は何を望んでいるのですか？」

今まで憧れてきたブランド物の高級バッグ、靴、車、家、といったものでしょうか。しかし、それらは双六の世界のごほうびでした。

あなたの人生の本当の目的は、そういったものを手にすることではないことくらい、薄々気が付いていましたね。

本当のあなたが望むもの、それはあなたの内にあるのです。

「いやそれは違うよ！　私はあのバッグや車が欲しいのです」というあなたは、第1の扉へ戻って、もう一度読み返してみてください。

第4の扉からは、心の中のもっと深いところ、高次な扉へ近づいていきます。もちろんそれを強制するわけではありません。この制限された現実の世界が、あなたにとってまだまだ楽しくて、まだまだやりたいことがあるのであれば、そちらを優先してください。

ごほうびはたくさんもらえばいいのです。心からよろこんでいただき、感謝を返すことで、その出来事はあなたの中で消化されるのです。

でも、有限な世界、原因と結果の世界、三次元の世界で遊び尽くして、「もう充分です」「もう満足しました」という人は、この先の扉を開けてみましょう。

便利さより心の豊かさを追求しようとする人、相変わらず損得勘定で生き方を決める人、精神化と物質化の二極化が始まっていると言われています。人間の魂も、高次元へ向かう魂と低次元へ向かう魂の二極化が始まっているのかもしれません。

本書は、あくまでも「より高次元を目指す人」専用です。

さて、あなたの内なる声は、何が欲しいと言っているでしょうか。

それは、「あなたの本心がよろこぶこと」ではないですか？

「ワー！　よかった、よかった！　本当によかった！」「こんなにうれしいなんて、まいったよ」「信じられない、この世にこんなにきれいな景色があるなんて」「1万回ありがとうを言っても足りないくらい」……

感動と感謝が心の中からこみ上げてきた経験がありますよね。素敵な風景を眺めたとき。映画や音楽に感動したとき。思いがけず真っ赤な朝日が山から昇ってくる瞬間に遭遇したとき。大切な人と再会できたとき……

そんなとき、あなたの体は感謝でいっぱいになったのではないでしょうか？

「生きていてよかった」「お父さん、お母さんありがとう」「ご先祖様、お守りくださいましてありがとうございます」

全身が震えるような感謝の気持ち。あなたを共振させているのは、あなたの中心にいる本心（本神）です。

いいえ、本神こそが、あなた自身なのです。本神は、根源神とも言います。根源神とは、あらゆる宗教を超えて行き着くもの。すべての元と言ってもいいものです。

「本神（本心）がよろこぶ」ということは、あなたが全身全霊を通して、細胞のひとつひとつまで、よろこんでいるということなのです。

毛穴が広がるような、体中の血が騒ぐような、そんな感じが全身をつらぬくはずです。

あなたのガイドは、今までそのことをあなたに気が付かせようと、あの手この手を使って、数々の驚くようなシンクロ（意味ある偶然）を見せてくれていたのです。他人との関係性を通して、現象世界の出来事を通して、あなたの本当の望みを知ってもらうために、ガイドは、今この瞬間も働いてくれているのです。

あなたはなぜこの本を手にしたのでしょうか？

それは単なる偶然でしょうか？　それとも意味のあることなのでしょうか？

あなたの体験は、実はそうやってあなたの本神が望むように創られてきたのです。

その間、いつもあなたのそばにいてくれたのがガイドです。ガイドに感謝を忘れてはいけません。これからもあなたと共にいて、導いてくれる大切な存在なのですから。

□外から内に目を向けると見えてくるもの、それがあなたの中の根源神

5th Door 根源神の意志にゆだねる

あなたの中に根源神がいることに気が付いてみると、ちょっと不思議な気持ちになりませんか?

私って誰なのだろう?

「あなたはあなたの根源神です」なんて急に言われても困ります。

「創造主のような神は、きっと私なんかより力強くて、頭もよくて、何もかも優れていて……、それが私だなんてありえない」と思うのも無理はありません。

では、こんな風に考えてみてはどうでしょうか?

大きな大きなイチョウの樹が道に立っています。あなたは、その無数にある葉の一枚です。大きいもの、小さいもの、虫に少し食われたもの、破れたもの、いろいろな葉っぱがあります。

あなたの葉っぱと隣の葉っぱは、細い枝でくっついています。そして、もう少し幹のほうに近づくと、また別の葉っぱがくっついた枝同士でくっついて、どんどん枝が太くなっていきます。そして一番中心の幹にたどりつきます。

幹は大地へとつながり、大地から水や栄養をいただいて葉へと送ってきてくれます。

あなたにとって、最初に見える根源神は細い枝です。そのもっと奥にある根源神は少し大きな枝です。どんどん幹に近づいていくと、根源神もどんどん太くなっていきます。さらに進んでいくと、根っこへと向かいます。

未知なる真実の世界は、たとえば樹が立っている地球そのものと考えてみてください。

ではどこからがあなた自身なのでしょうか？

木を切って調べてみますか？　そんなばかなことはしませんね。

あなたは、葉っぱであり、枝であり、幹であり、根であり、地球でもあるのです。

あなたという個性は、その無限に続く根源神のひとつの表現に過ぎないのです。同じ樹の大きい葉が小さい葉を見て「ちっちゃいなあ」とは言いません。右手が左手に「下手くそ」というようなものです。

そして、幹へ、根っこへと向かっていく道が、超高周波へ向かう道なのです。

そうだとすれば、一番端である「葉っぱ」は、もっとも低周波な現実世界と言えます。風や雨をまともに受ける現実世界では、思いもよらない出来事に振り回されることもしょっちゅうです。しかし、そこからどんどん高周波な方向へいくと、少しずつ太い根源神と出会っていける。その一番奥の奥まで行ったところが、絶対的価値観を持った「未知なる神」のいる場所であり、そこが「宇宙の中心」なのです。

そう聞くと、あなたはその中心的存在を吟味したくてしょうがないのではないでしょうか。

「神様って本当にすごいの？」「料理はできるの？」「日本語は話せるの？」

……

いや、ちょっと待ってください。

「あなたが想像し得る神様の姿」。それは、あくまで末端の現実世界の範疇です。

葉っぱは、根っこが地球とつながり、そこから水を吸収して葉っぱまで届けられているというシステムを理解しているとは思えません。また、そんなことを理解する必要すらありません。葉っぱは、そのまま一心不乱に生きていればいいのです。

大切なのは、ただ「知る」ことです。あなたが根源神とつながっていて、あなたの内にたくさんの根源神を有していて、いつもガイドに守られていることを「知って」いればいいのです。

「**知っている」ことが、そのまま現実世界の出来事になる**からです。知っているということは、あなたがその価値観を受け入れたということです。その価値観があなたの内に存在する限り、目に見えるもの、触れるもの、聞こえるもの、そのすべてがこれまでとは少し違って感じるはずです。

そこに気が付けたら、あとはゆだねてしまえばいいのです。

あなたのちっぽけな知識や常識の判断には及びません。**あなたの現実を超えて、あなたの未来はやってくる**のですから。

フラットな水面を水がこぼれるように、あなたは自由自在な存在としてすべてをゆだねてしまえばいいのです。

「ありがとうございます。すべてお任せします」といった具合に。

□ あなたの内にある「根源神」に、すべてをゆだねましょう

あなたがよろこびを感じる方向は、根源神の望む方向です。

奇跡の旅の始まり

コンサート終了後、カラムタ氏になにげなく「水琴をローマ法王に届けたい」という話をしました。

イタリアの世界音楽祭に参加して以来、イタリアに水琴をつくって、水琴の感覚を知ってもらい、世界平和の道具として使ってもらえないだろうかと私は考えてきました。

水滴が奏でる高周波の音楽。

水琴は、心身を癒す究極の音であり、生命にとってなくてはならない「水」の響く音なのです。

宗教性、文化性、国境を越えた音であって、世界平和のシンボルになりうるもの……そんな私の思いを話しました。

するとカラムタ氏は「イタリアにつくるのなら、アッシジがいい」と言いました。

アッシジといえば、ローマ法王パウロ二世が、「宗派を越えて共に平和を祈ろう」と世界に呼びかけ、平和の集いを行った聖地です。そこに葬られている聖フランチェスコは、鳥と話をしたり、狼に説教をしたりといった逸話が残る聖人で、『ブラザー・サン　シスター・ムーン』という映画でも、その生涯が紹介されています。

当時はまだ、アッシジのことを私はよく知りませんでしたが、ともかく「よろしくお願いします」と、自分の願いをカラムタ氏に託し、また会うことを約束してお別れしました。

世界平和の音をアッシジに届けたい

カラムタ氏との出会いを機に、テーマがまたひとつ具体的になりました。

世界平和の音として、水琴をイタリア・アッシジに届けたい。

その思いを胸に、イタリアへ帰ったカラムタ氏とメールで頻繁に連絡を取るようになりました。しかし、アッシジの教会の候補地が挙がったり、また、カラムタ氏以外の方から「水琴を施設につくりたい」という話をいただいたりしましたが、なかなか具体的な話には進みませんでした。私自身、どの話もなぜかぴったりこなかったのです。

そうこうしているうちに、数年が経ちました。その間、私はあちこちで水琴を設置し、また癒しのイベントなどをプロデュースし、平和や健康をテーマにした講演などを行っていました。

ある日、京都・知恩院で行われていた「武器を楽器に」という喜納昌吉さんのイベントに誘われました。打ち上げまで参加させていただき、水琴の話をしたとき、「そういうことならあの先生に相談してみてはどうですか」と紹介されたのが、宝積玄承《ほづみげんしょう》老師でした。

絵に描いたような禅僧。

それが私の第一印象でした。「水琴をローマ法王に届けたいのです」と私が相談すると、「私に任せなさい」との力強いお言葉をいただきました。

宝積老師は、十数年の間、ローマ法王庁との間で宗教というテーマをひとつの接点に西洋と東洋の精神的交流を目指す「霊性交流」を行ってきた方で、毎年ヨーロッパへ行き、神父様に座禅を教えてこられたすばらしい経歴をお持ちの方です。また、ヨハネパウロ二世との謁見《えつけん》も果たし、仏教とキリスト教との

アッシジは人口２万6000人、ローマ帝国時代からある古い都市である（写真提供　川岸聰）

架け橋になられてきたような方だったのです。

「よろしくお願いします」

宝積老師に資料を渡し、ローマ法王庁からアッシジの聖フランチェスコ大聖堂へ届けていただきました。

聖フランチェスコ大聖堂とは、アッシジにある中心的聖堂で、今も聖フランチェスコの遺体が安置されている有名な聖堂です。世界遺産にも登録されています。また、「アメリカのサンフランシスコ州の名前の由来は聖フランチェスコからきている」という話も有名です。

その聖フランチェスコ大聖堂の院長に、水琴のＣＤと私の資料を届けていただいたのです。

そんなある日、京都のとあるお店で、ご主人とたまたまその話をしていたところ、「大橋さん、返事を待っていてどないすんの？　すぐに行かなあかんで！」と言われ、大胆にも返事を待たずに大聖堂へ行くことになりました。あとで聞くと、ご主人がちょうどイタリアへ行きたいと思っていたところだったそうです（笑）。

しかし、そこで流れをせき止めずに行ってよかったのです。

ローマから電車で2時間半、ガタゴト揺られてアッシジへ向かいました。

大聖堂に着くと、日本人の神父様が出てきてくれました。

「水琴の件できました」と言うと、

「もうきたのですか？」と驚いていました。

「昨日、『聖フランチェスコ大聖堂で水琴を受け入れます』という手紙を送ったところです」

聖フランチェスコとの会話

聖フランチェスコ大聖堂は日本人観光客も多いため、必ず日本人の神父様が交代でこられているそうです。神父様が大聖堂の院長を紹介してくれました。

院長から、「水琴の音は瞑想に適します。若い神父の瞑想に利用します」と言っていただきました。
「早速、案内させますから、どこへ設置したいか希望する場所を言ってくださ
い」と言っていただき、「風が通らない静かな場所がいいです」とお返事した
ところ、まず、「瞑想の中庭」に連れていってくれました。
「ここは観光客が立ち入れない場所ですから、見てもらうためにも外の斜面が
いいのではないですか？」
そして、外の傾斜地も見せていただきました。しかし、そこは風が吹き抜け
る場所でした。音は風を嫌います。
「中庭につくらせてください」
中庭には聖フランチェスコ像が設置され、一般の方には開放されない聖域で
す。以前は、異教徒は立ち入りすら許されない場所だったそうです。
そのフランチェスコ像は、天の力をいただき、大地の響きを聴いているよう

に私には映りました。

「しばらく一人にしてもらえますか」

そう言って、フランチェスコ像と会話をしました。

「ここに水琴をつくらせていただいていいですか。聖なる場所ですが、この音は静寂を知る音で、心に平和を導く音なのです。平和の道具として使っていただきたいのです」

その答えは……。私の中に水滴の音が「ポーン」と響きました。

フランチェスコ像が音を聴いているその先に、水琴を設置するためのラインを入れました。そして、日本人の神父様に鍬入れ式をお願いしました。

今思えば、度胸があったと思います。そこは聖域も聖域であるばかりか、偉大な神父様の墓地でもあったからです。

しかし、私に迷いはありませんでした。というより、ここしかなかったのです。

聖フランチェスコは自然と共に生き、幸せに生きることを説いた聖者でした。

日本の良寛様と似ていることから、京都の高山寺とも交流があるのだそうです。「場を浄化するものとして、この音を風景に加えてください」という思いで、フランチェスコ像がまるで聴いているかのような場所を選びました。

「ありがとうございます」

感動で涙がこぼれました。
この音は、必ず世界の平和の道具になる。宗教、文化、国境を越えて、この音をイタリアに届けたい。その思いが通じた瞬間でした。

聖フランチェスコ大聖堂の水琴（写真提供　川岸聰）

6th Door

絶対安心の自己を知る

根源神を知り、根源神にゆだねることで、あなたにどんな変化が起こったでしょうか？

今まであなたの人生の主導権を握っていた出来事は、相変わらずコロコロやっていますね。あなたの感情も、あいかわらずコロコロ変わっています。

それでいいのです。

あなたはそんなものに力を与えることをやめました。それをゲームとして楽しめるようになったのです。

疲れたら1回休めばいいのです。そうです。適当に扱っておきましょう。

そしてあなたは、あなたの根源神と共にあるということを意識しています。

目を閉じてみると、ガイドの声や、さまざまな感情の声が聞こえてきます。

ここでひとつ気を付ける必要があります。「根源神は語らない」ということです。

完全に目を閉じると、感情レベルの周波数の低い魂が、神のごとくもっともらしい嘘を話してきます。それらは払いのける必要があります。

座禅では、自己をしっかりと見つめるため、「半眼」といって必ず少し目を開けて座るように指導されます。瞑想でもそうです。目を完全に閉じてしまうと、妄想になってしまうことが多いのです。頭の中で想像するということは、あなたの感情の世界の出来事をリアルにしてしまうということです。現実の世界と似たりよったりで、真実から遠いと言わなければなりません。

どうしても惑わされてしまいそうな人は、水琴の高周波を周囲に流しておくことをおすすめします。

根源神と共にあるあなたを意識すると、あなたの中に、とても静かだけれど本当の力が満ちてくることを感じるでしょう。あなたは根源神の存在を受け入れることで、お母さんの子宮の中にいるような絶対的な安心を得ることができるのです。

お母さんのお腹の中の羊水に浮かんでいたときにずっと聞いていた高周波音。それと同じ高周波によって、あなたは完全に守られています。

あなたはすべての創造主なのです。出来事はすべてあなたの創造物だったのです。あなたはゆるぎないあなた自身なのです。

目を開けてください。あなたが目にするもの、五感で感じるものがどんどん変化していきます。すべてはあなたが把握できる「出来事」＝「感情の世界」です。

それを知ることができたのは、あなたの中に「不動のもの」をあなた自身の力でつくることができたからです。

「絶対安心の自己」。それが本当のあなたの姿です。

忘れそうになったら何度でも第１の扉に戻って、順番にここまで繰り返してください。不安な気持ちやイライラした感情に翻弄されそうになったら、いつ

でも戻っていいのです。

心配はいりません。ガイドも、根源神も、いつでも、今でも、どんなときでも、あなたの内にあるのですから。

□ あなたの根源神にゆだねて得られる「絶対安心な自己」を意識することで、あなたは不動の存在になることができる

すべては根源神のなすがままに。あなたは葉っぱのままでいいのです。

聖地に鳴り響く水琴の音

聖フランチェスコ大聖堂での水琴の設置工事が始まりました。カラムタ氏との出会いからは3年の年月が流れていました。

2002年の12月に施工部隊がアッシジに入り、工事は現地と日本からきた

完成した水琴と著者（写真提供　川岸聰）

職人の手でつくられることになりました。

制作費は寄付を募ることにしました。実行委員会が設けられ、約300人もの方に寄付をしていただきました。水琴の甕にはその方々の名前が宝積老師の手で書き入れられ、慈善団体からの寄付などもあり、水の流れのごとくすべてが順調に進みました。それこそあっという間の出来事だったように思います。

翌2003年3月には記念式典が行われることになりました。「初音之式《はつねのしき》」といって、柄杓《ひしやく》から水琴に水を注ぎ、集まっていただいた方々に音で真心を伝える式典では、ワインと日本酒を注ぎ、ローマ法王庁、日本大使館、京都府知事、京都市長、そのほか多数の関係者からのお祝いの言葉をいただき、大聖堂からは感謝状をいただき、式典には日本からも大勢の方に参列していただきました。

しかし、残念ながらカラムタ氏は病気で会場にはこられませんでした。

別のご縁で、式典前に宝積老師がカラムタ氏に面談したとき、カラムタ氏は、大聖堂に水琴が設置されたことに涙を流してよろこんでくれたそうです。

イタリアの地で、カラムタ氏と水琴のコラボレーション演奏が聴けなかったことが残念でなりません。

それからしばらくして、カラムタ氏の訃報が届きました。

日本で一枚のハガキに山と海とかもめを描き、かもめに「ohashisan」と書いて渡してくれたことが、今でも鮮明に思い出されます。

こうして、多くの人の気持ちと労力の結晶として、大聖堂の水琴は完成されたのです。２００７年に4周年の記念ツアーで訪れたとき、現地では、その場所が「日本の泉」と呼ばれるようになったと聞きました。

できれば少しずつ整備して、「日本の泉」の名に恥じない風景にできればと考えています。そのツアーでは、ローマ法王ベネディクト一六世との謁見も果たすことができ、「これから本当の意味で、水琴が社会に役立つときがきたのだ」と、強く実感することができました。

ご協力いただいた、イタリア、日本の関係者の方々には感謝の気持ちでいっぱいです。

そういえば、大聖堂の施工時に雨が降り出すということがありました。掘る直前に急に降り出したので、神父様が「大丈夫ですか？」と心配してくれました。

「大丈夫です。すぐにやんで晴天になります」と言うと、「なぜそんなに自信があるのですか？」と聞かれました。その後、私の言った通り雨は上がり、晴天となりました。

実は、水琴の工事では、工事前に雨がサーッと降ってまたすぐに上がるようなことがよくあるのです。そのたびに、「龍神様がいらっしゃいました」と言うようにしています。風水では大地に流れる気の流れを龍にたとえたりしますが、「水琴の音は龍神様の声だ」と言う人もいて、イタリアの地であろうと、日本であろうと、本物の水琴は龍神を呼ぶのかもしれません。

空気中の水蒸気を伝播する音は、水蒸気に敏感です。逆に水蒸気を呼ぶこともあるのです。

風水的な水琴考は『ツキを呼びこむ水琴の音風水ＣＤブック』（ビジネス社）に譲りますが、そうして完成した水琴は、今もイタリアの地で一期一会の水の響きを聴かせてくれているはずです。

小鳥の声のように音を鳴らし、フランチェスコ像と戯れているのではないでしょうか。

7th Door

深遠なる高次元への旅

あなたの準備は整いました。

ここにたどり着くまでずっと聴こえていた水琴の高周波音もあなたのガイドの一人だったと、あなたは気付いていたでしょうか。水琴は高周波を生成させる段階で倍音の無限連鎖という階段をつくります。その階段こそ、高次元へとあなたを導くものでした。

あなたが道に迷いそうになったら、いつでも水琴の高周波で満たされた空間をつくり、静かな心、平和な心を取り戻してください。感情世界で翻弄するあなたに、ガイドである水琴は何度でも根源神を思い出させてくれるはずです。

大いなる自然の流れの中にあって、喜びにしたがって行動するとき、あなたは流れそのものになります。

清らかな水が次から次へとあなたを満たし、今まで執着してきた低周波な事象は、どんどん手放すことができるようになっていきます。

「絶対安心な自己」から、あなたは完全な自由を手に入れるのです。すると、心から出てくる感情の大半は、感謝が満たすようになっていくはずです。

完全なる幸福、愛、自由、喜びとなったあなたは、天を舞う龍のごとく、エネルギーそのものとして新しい高次な未知の真実を生きていくのです。


「いやだ、雨が降ってきた！　洗濯物が濡れちゃう！」

「ピピピ……ピピピ……」携帯がさっきから鳴りっぱなしです。


まだ少々、今のステージに未練があるようですね。あなたも私もこの低次元がまだまだ大好きなようです。

ストレスだってあるでしょう。

低周波な出来事も起こってくるはずです。

そんなときは、その出来事へ思い切って飛び込んでいきましょう。ストレスを感じる出来事には、あなたに根源神を気付かせる、なにか仕掛けがあるものです。

第3の扉へ戻って、その出来事もあなたがつくった創造物なのだと再確認してください。反応することをやめて、あなたが力を与えた出来事からその力を取り戻すのです。

「やはりそうなのだ」「力を返してもらうよ」「ありがとうございます」

そしてまたここまで戻ってきてください。

何度もそうやって繰り返すうちに、いつの間にか、あなたの内は「感謝」で満タンになっているはずです。

そして、そのときはきます。

感謝の気持ちが、幸せな気持ちが、心の豊かさが、愛が、喜びが、あふれ出すのです。

そのとき、あなたの聖堂の扉は開くのです。


水琴はどんなときでもあなたのガイドです。

何度でも惜しみなくあふれさせましょう。


ここまでくれば、水琴の第一段階の役割は終了です。

高次元へ昇華したあなたは、高次元のステージで、水琴の高周波を呼吸しているかもしれません。

そして、さらなる高周波への階段を旅していくことでしょう。


「早く洗濯物を入れて！　雨よ！」

「はーい」

まだまだ周波数が足りないようです。

第3の扉へ。

□ 何度も感謝やよろこびがあふれることで、あなたの聖堂の扉は開く

大聖堂の水琴

大聖堂の水琴は、完成から10周年を迎えました。これからどんな出来事が、どんな風景が待っているのか、楽しみで仕方ありません。これからも異国の地で、高周波を提供していってくれますように。

水琴は、ずっと、どこまでも、いつまでも、あなたのガイドです。

私が信じるもの、
それは人の中心には根源神がいるということ。
たとえ、苦しい現実があろうとも、必ず生きていく力があるということ。
その大切なことを伝えるのが私、そして水琴の使命だと考えています。

水琴の音は深遠にして無限でもあります。
その新しい環境ツールがあなたの諸問題の解決に役立ちますように、
そして、あなたの本当の幸せを心からお祈り申し上げます。
出版に際してご協力いただいた皆さまに感謝申し上げます。
ありがとうございました。

大橋智夫

21　西寿寺　京都府京都市右京区鳴滝泉谷16　075-462-4850
22　宝泉院　京都府京都市左京区大原勝林院町187　075-744-2409
23　羅組庵　京都府京都市左京区南禅寺草川町81-8　075-762-3188
24　学校法人京都文教学園　京都府宇治市槇島町千足80　0774-25-2400
25　学校法人心華学園みのり幼稚園　京都府宇治市神明石塚65　0774-43-1177
26　正覚寺　京都府京田辺市三山木野神16　0774-62-0230
27　膳所焼美術館　滋賀県大津市中庄1丁目22-28　077-523-1118
28　ポラリス保育園　大阪府大阪市淀川区西宮原3丁目101号　06-6392-0025
29　雅楽茶　大阪府大阪市北区中崎西1-9-12　06-6375-3075
30　株式会社尼伊 宝石店　大阪府大阪市中央区西心斎橋1丁目10-19　06-6245-0700
31　エス・バイ・エル株式会社千里展示場（MINCA）　大阪府吹田市千里万博公園1-7 ABCハウジング千里住宅公園内36　06-6877-8531
32　学校法人仁川学院 聖フランチェスコ小聖堂内　兵庫県西宮市甲東園2-13-9　0798-52-0551
33　一〇堂　兵庫県西宮市菊谷町8-31　0798-71-2145（株式会社アクア）
34　染織工芸サロンかけひ　兵庫県小野市王子町975-1　0794-62-2365
35　教専寺　兵庫県姫路市青山1-2-1　079-266-0048
36　月ヶ瀬行政センター前公園　奈良県奈良市月ヶ瀬尾山2845　07439-2-0131

中国　37　アコオ憩いの家倉敷三田　岡山県倉敷市三田124-1　086-461-1150

九州　38　テレビ西日本（ＴＮＣ）　福岡市早良区百道浜ＴＮＣ放送会館１Ｆ　092-852-5504

＊2012年5月現在の情報です。最新情報は、有限会社ティーズ・コーポレーションホームページでご確認下さい。http://www.suikinkutsu.net/「水琴」で検索！
＊イタリアアッシジの聖フランチェスコ大聖堂は、観光客の立ち入れない中庭に設置されています。

「水琴」が体験できる場所紹介（敬称略順不同）

地域	No.	施設名　住所　電話
北海道	1	名寄市立大学　北海道名寄市西四条北８丁目　01654-2-4194
	2	しこつ湖鶴雅リゾートスパ水の謌　北海道千歳市支笏湖温泉　0123-25-2211
関東	3	第９堀ビル　東京都中央区日本橋小伝馬町 17-6　03-3639-9360
	4	湯楽の里　東京都国立市谷保 3143-1「フレスポ国立南」内　042-580-1726
	5	高尾駒木野庭園　八王子市裏高尾町 268 番 1　042-663-3611（高尾駒木野庭園アーツ）
	6	社会福祉法人　高森福祉会ケアセンター　高森荘　神奈川県伊勢原市高森７丁目 806 番地　0463-92-7751
	7	西山建材店　神奈川県横浜市港北区太尾町 1115 番地　045-542-2480
	8	城山聖地霊園　千葉県柏市鷲野谷城山 146　04-7193-6571
	9	ＴＥＰＣＯ塩原ランド那須野ケ原用水ウォーターパーク　栃木県那須塩原市千本松地内　0287-35-4390
	10	上武緑化株式会社　群馬県伊勢崎市連取町 2355-10　0270-23-4050
	11	かやぶきの源泉湯宿悠湯里庵　群馬県利根郡川場村川場湯原 451-1　0278-50-1500
	12	長龍寺　茨城県守谷市本町 384　0297-48-1132（古谷）
中部	13	ＪＲセントラルタワーズ 12Ｆタワーズプラザ　名古屋市中村区名駅 1-1-4　052-586-7999（土休日を除く 10：00〜17：00）
	14	妙乗院　愛知県東海市養父町里中 51-1　0562-32-1029
関西	15	日新河原町ビル　京都府京都市中京区河原町通蛸薬師下る塩屋町 344 日新河原町ビル１階　075-813-7321（ティーズ・コーポレーション）
	16	東本願寺東山浄苑　京都府京都市山科区上花山旭山町 8 - 1　075-551-3007
	17	京都府立植物園　京都府京都市左京区下鴨半木町　075-701-0141
	18	有限会社池田屋　京都府京都市中京区新京極通蛸薬師下ル東側町 513　075-221-5761
	19	こども相談センターパトナ（京都市教育相談総合センター）　京都府京都市中京区姉小路通東洞院東入る　075-254-7900
	20	本栖寺　京都府京都市伏見区小栗栖中山田町 5-5　075-643-8711

<著者略歴>

大橋智夫（おおはし・としお）

音・環境プロデューサー。有限会社ティーズ・コーポレーション代表取締役。京都大学農学部農業工学科卒業。在学中は水利工学を専攻し、音が心理に及ぼす影響を研究、日本の音文化に注目した音空間デザインを手がけてきた。なかでも日本独特の文化である水琴窟を現代に復活させ、進化させた功績は、国内外で高く評価されている。聖フランチェスコ大聖堂（世界遺産）に世界平和を祈念して水琴窟を寄贈するプロジェクト実行委員会長を務め、ローマ法王との謁見も果たした。

自然界にある高周波を暮らしに持ち込むツールとして「水琴」（みずごと）を開発し、ミラノサローネ2005に出展。水琴は、JR名古屋駅ビル、愛・地球博2005などでも利用され、サウンドインテリアとして注目されている。水の波動エネルギーを空間に利用する新しい取り組みで、各界とのコラボレーションを展開中。

著書に『流すだけで運気が上昇する魔法のCDブック』『金運体質に変わる奇跡のCDブック』『いいことが次々と起こる和みのCDブック』『ツキを呼びこむ 水琴の音風水 CDブック』『ギブ アンド ギブ』（以上、ビジネス社）など。プロデュースCD多数。

高次元の扉を開く７つのステップ 心と身体に響く水琴CDブック

2012年7月8日　第1刷発行

著　者　大橋智夫

発行者　唐津　隆

発行所　株式会社ビジネス社

〒162－0805　東京都新宿区矢来町114番地 神楽坂高橋ビル5F

電話　03(5227)1602　FAX　03(5227)1603

http://www.business-sha.co.jp

〈印刷・製本〉株式会社廣済堂　〈装丁〉八柳匡友　〈イラスト〉橋本千鶴

〈本文DTP〉沖浦康彦　〈カバー写真〉©a.collectionRF/amanaimages

〈編集担当〉岩谷健一　〈営業担当〉山口健志

ISBN978-4-8284-1671-7